Ecuatorial

Equatorial

VIVO FUEGO

Colección de poesía

———————————————

Poetry Collection

LIVE FIRE

Vicente Huidobro

ECUATORIAL

EQUATORIAL

Traducido por - Translated by

Anthony Geist

Prólogo - Prologue

Miguel Ángel Zapata

Nueva York Poetry Press®

Fundación
Vicente
HUIDOBRO

Fundación
Vicente
HUIDOBRO

Nueva York Poetry Press LLC
128 Madison Avenue, Oficina 2RN
New York, NY 10016, USA
Teléfono: +1(929)354-7778
nuevayork.poetrypress@gmail.com
www.nuevayorkpoetrypress.com

Ecuatorial / Equatorial
© 2020 Vicente Huidobro

© Traducción:
Anthony Geist

© Prólogo:
Miguel Ángel Zapata

ISBN-13: 978-1-950474-93-6

© Colección Vivo Fuego vol. 1
(Homenaje a Concha Urquiza)

© Dirección:
Marisa Russo

© Concepto de colección y edición:
Francisco Trejo

© Diseño de interiores:
Moctezuma Rodríguez

© Diseño de portada:
William Velásquez Vásquez

© Fotos:
Archivo de la Fundación Vicente Huidobro

Esta obra cuenta con el apoyo de la Fundación Vicente Huidobro.

Huidobro, Vicente
Ecuatorial / Equatorial, 1a edi-- New York: Nueva York Poetry Press, 2019. 102p. 5.25 x 8 inches.

1. Poesía chilena. 2. Poesía latinoamericana.

Ecuatorial: un arcoíris bajo las tumbas

Aparte del indudable efecto estético y revolucionario que había producido la obra de Guillaume Apollinaire en la primera década del siglo veinte, la poesía de Vicente Huidobro comenzaba apostando por una palabra nueva en el espacio y en el tiempo. Era la voz contundente de un poeta hispanoamericano viviendo en Europa, y al tanto de los movimientos artísticos y literarios que ocurrían en ese entonces. La vanguardia comenzaba como una ola que lo arrasaba todo, y traía nuevas ideas y un rechazo al pasado inmediato. Era una bandera en contra de lo aparentemente inútil, un espejo renovado para remirar el mundo. Dentro de esa corriente, Huidobro escribe desde el asombro, e inaugura con eficacia la nueva poética vanguardista en lengua castellana.

La vanguardia crea una esfera de experimentaciones a todo nivel, un oasis de imágenes, juegos peligrosos pero necesarios. Juegos, que, al fin y al cabo, se fundaban en una experiencia vital y una nueva visión del mundo. El resultado sería la compleja amalgama entre arte y poesía: cubismo y cosmopolitismo. Un choque fructífero entre el trazo y la palabra, pero siempre yendo contra la corriente y la tradición. Es una revolución de sabotaje a todo lo preestablecido, a lo que vendrá después del terror de la guerra y la destrucción definitiva del tabú. Antes del estallido, Rubén Darío, durante su primera estancia en el *Modernismo*, había iniciado un diálogo con la tradición parnasiana y simbolista francesa, pero afinando la escritura con un ritmo particular, una respiración netamente hispanoamericana. Darío pasó luego del exotismo modernista de *Azul...* (1888) a una poesía más centrada en el devenir del tiempo y el espíritu humano. El *Modernismo* creó una primera revolución literaria en el ámbito hispánico. Aun así, este movimiento no fue una copia exagerada de las escuelas europeas sino una fusión de las características más esenciales de los parnasianos franceses con la propia realidad hispanoamericana. Darío abrió las ventanas de la poesía en lengua castellana, y la llevó a dialogar al plano internacional. Posteriormente, Vicente Huidobro fue el ejecutor del segundo gran cambio en la poesía hispanoamericana: rigurosa práctica del espaciamiento del poema, alteridad en la forma, y un cambio radical en la visión de las ciudades europeas. Como ha indicado Mihai Grunfeld "la voz poética, como un pequeño Dios cosmopolita y creacionista, domina todo el globo y lo moldea según su voluntad, expresando así una emoción lírica global, universalista". Huidobro no hablaba de su país natal Chile, sino que se adhería al mundo y lo hacía propio. Viajero empedernido, Huidobro demuestra que el viaje en la poesia es fundamental para entender el movimiento del universo. Octavio Paz nos recuerda que a fines de 1916 el joven poeta chileno Vicente Huidobro llega a París y poco después, en 1918 y en Madrid, publica *Ecuatorial* y *Poemas árticos*. Con esos libros comienza la vanguardia en castellano.

En efecto, es sabido que Huidobro en su estancia parisina frecuentaba a vanguardistas del nivel de Pierre Reverdy, Tristán Tzara, Paul Derméc, y Guillaume Apollinaire. También fue invitado a colaborar en la revista *Nord-Sud* durante 1917-1918, donde publicó sus primeros poemas en francés. *Ecuatorial* está dedicado al pintor Pablo Picasso.

El tiempo ha demostrado que la poesía está hecha de cambios radicales y el derrumbamiento de muros aparentemente indestructibles. Al final, el muro cae, los ríos corren por otros cauces, y vuelve a comenzar la fiesta de la palabra. Después volvemos a levantar un muro y otro río nos inunda. Y el río y el muro se convierten en el futuro temporal. La poesía puede representar la dicha fugaz, o la lucha contra la muerte. *No te fíes del incierto mañana* escribía Horacio. Y después de siglos Huidobro escribe sobre el fin de los tiempos en *Ecuatorial*: "El niño sonrosado de las alas desnudas/ Vendrá con el clarín entre los dedos/ El clarín aun fresco que anuncia/ El fin del Universo".

Ecuatorial se dispersa por el mundo para interpretar la marca temeraria del tiempo. A través de versos largos, mayúsculas caprichosas, y un terco espaciamiento, da cuenta de que lo que sobrevive ante la muerte es el poema. El cielo es una metáfora de fuego, y las calles por donde caminan los viandantes, una cárcel permanente. El poeta mira el cielo en llamas, y transita por la tierra hirviendo como un volcán. El poema viaja cruzando mares y ciudades llenas de humo negro. El poema salta el muro de la indiferencia, lucha contra la derrota y se asombra con la vida. EL mundo partido por la mitad, sobrevive.

Huidobro, como Whitman y Rimbaud, es un poeta visionario. Si *Zona* (1913) de Apollinaire es una muestra del desgarramiento de la ciudad y su entorno, *Ecuatorial*, en cambio, es el desgarramiento del lenguaje y del ser humano en el universo. Su soledad se siente *en cada estrella, es un obús que estalla*. La poesía revienta en cada viaje, es un movimiento simultáneo de la palabra frente al Mundo.

Si la vanguardia representa un cambio y un feroz rechazo al pasado, *Ecuatorial* recrea un espacio en continuo movimiento: aterriza como un aeroplano en el presente aterrorizado y anuncia un escape espiritual. Aquí no se trata solamente del espaciamiento de las palabras, o las mayúsculas frecuentes, sino el anuncio de una nueva forma de escribir poesía en lengua castellana. La forma no es una estrella solitaria, o la única luz del poema. También el tiempo y el dolor están presentes en el centro de la vida, y el poema deja una muestra de ese transcurrir. *Ecuatorial* no es una mera experimentación, sino una búsqueda, triunfo, fracaso, vida y la muerte dentro de la poesía. La muerte, los sueños, la guerra, y los nuevos augurios del desastre están presentes desde el principio hasta el final.

Ecuatorial y sus esferas anuncia lo que será luego *Altazor* (1931), uno de los poemas más radicales de nuestros tiempos. *Ecuatorial* es una mezcla del cubismo y dadaísmo en medidas mesuradas, llevadas a la palabra poética. Es un poema que anuncia el devenir, la poesía que se iba a escribir en los años venideros. La aurora ha llegado.

MIGUEL ÁNGEL ZAPATA
Nueva York, mayo, 2020

Equatorial: A Rainbow Beneath the Tombs*

Aside from the undeniable aesthetic and revolutionary effect that Guillaume Apollinaire's work produced in the first decade of the twentieth century, Vicente Huidobro's poetry began by taking a stance on a new use of the word in space and time. It was the powerful voice of a Latin American poet living in Europe, and au courant with the artistic and literary movements dominant at that time. The Avant Garde began like a wave that swept away everything, brought new ideas, and a rejection of the immediate past. It was a banner against the seemingly useless, a renovated mirror to reexamine the world with. In this vein, Huidobro writes from a state of astonishment, and successfully inaugurates the new poetic Avant Garde in the Spanish language.

The Avant Garde creates a sphere of experiences at every level, an oasis of images, games that are dangerous but also necessary. Games that, at the end, were based in life experience and a new perspective on the world. The result would be a complex amalgam between art and poetry: Cubism and Cosmopolitanism. A fruitful collision of the paint brush and the word, but always going against the current and tradition. It is a revolution of sabotage against everything that's preestablished, signaling what will come after the terror of the war and the definitive destruction of the taboo. Before the outbreak during his first period in *Modernismo*, Rubén Darío had begun a dialogue with the French Parnassianist and Symbolist tradition but refined his writing with a particular rhythm – a distinctly Latin American metabolism. Darío later evolved from the modernist exoticism of *Azul...* (1888), to a poetry more centered on what is to come in time and the human spirit. *Modernismo* created the first literary revolution in the Hispanic field of literature. Even so, this movement was not an exaggerated copy of the same European schools, but rather a fusion of the most essential characteristics of French poets with his own Latin American reality. Darío opened the windows of Spanish-language poetry and set it in dialogue on an international level. Later, Vicente Huidobro initiated the second great change in Latin American poetry: the rigorous practice of spacing in poetry, otherness in its form, and a radical change in how European cities were envisioned. As Mihai Grunfeld has noted, "the poetic voice, like a small cosmopolitan and creationist God, dominates the entire globe and molds it to its desires, thus expressing a global, universalist lyrical emotion." Huidobro did not speak of his birth country, Chile; rather, he embraced the world and made it his own. A lifelong traveler, Huidobro demonstrates that traveling in poetry is necessary to understand the movement of the universe. Octavio Paz reminds us that at the end of 1916, the young Chilean poet Vicente Huidobro arrives in Paris and shortly thereafter, in 1918 in Madrid, he publishes *Equatorial* and *Poemas árticos*. With those books, he creates the Spanish Avant Garde.

In effect, it is known that during his stay in Paris, Huidobro frequented Avant Garde artists such as Pierre Reverdy, Tristán Tzara, Paul Dermée, and Guillaume Apollinaire. He was also invited to collaborate with the magazine *Nord-Sud* in 1917-1918, where he published his first poems in French. *Equatorial* is dedicated to painter Pablo Picasso.

Time has shown that poetry is made of radical changes and the demolition of apparently indestructible walls. In the end, the wall falls, rivers run through other channels, and the celebration of the written word begins again. Later, we raise a wall and another river floods us anew. And the river and the wall become the temporary future. Poetry can represent brief happiness, or the fight against death. *Do not believe in the uncertain future* wrote Horace. And centuries later, Huidobro writes about the end of times in *Equatorial*, "A blushing child with naked wings/ Will come with a trumpet between his fingers/ The still new trumpet that announces/ The End of the Universe."

Equatorial travels throughout the world to interpret the reckless mark of its time. Through long verses, capricious capital letters, and a stubborn spacing, it is testimony that what survives death is poetry. The skies are a metaphor for fire and the streets where passers-by walk, a permanent prison. The poet looks at the heavens on fire, and travels on earth, which is boiling like a volcano. The poem travels, crossing oceans and cities full of black smoke. The poem vaults the wall of indifference, fighting against defeat, and is amazed at life. A world parted down the middle survives. Like Whitman and Rimbaud, Huidobro is a visionary poet. If Apollinaire's *Zone* (1913) shows the evisceration of a city and its environment, *Equatorial* is the evisceration of language and the human being in the universe. His solitude is felt in *Every star/ is an exploding mortar.* Poetry detonates on every journey; it is a simultaneous movement of the word facing the World.

If the Avant Garde represents a change and a ferocious rejection of the past, *Equatorial* recreates a space in continuous movement: it lands like an aeroplane in the terrified present and announces a spiritual escape. Here poetry does not deal solely with the spacing of words, or frequent capital letters, but rather the announcement of a new way of writing poetry in the Spanish language. The form is not a solitary star, or the only light of the poem. Time and pain are also present in the center of life, and the poem leaves us with a demonstration of this occurrence. *Equatorial* is not a mere experiment, rather a search, triumph, failure, life and death in poetry. Death, dreams, war, and new omens of disaster are present from beginning to end.

Equatorial and its spheres announce what will come to be *Altazor* (1931), one of the most radical poems of our time. *Equatorial* is a mix of Cubism and Dadaism in moderation, brought to the poetic word. It is a poem that announces transformation, the poetry that was to be written in the coming years. The dawn has arrived.

MIGUEL ANGEL ZAPATA
Nueva York, May, 2020

*Prologue translated by Gwen Osterwald

A Pablo Picasso

To Pablo Picasso

Era el tiempo en que se abrieron mis párpados sin alas
Y empecé a cantar sobre las lejanías desatadas

Saliendo de sus nidos
                       Atruenan el aire las banderas

LOS HOMBRES
           ENTRE LA YERBA
                      BUSCABAN LAS FRONTERAS

Sobre el campo banal
                  el mundo muere

De las cabezas prematuras
                       brotan alas ardientes

Y en la trinchera ecuatorial
                       trizada a trechos

Bajo la sombra de aeroplanos vivos
Los soldados cantaban en las tardes duras

Las ciudades de Europa
                   Se apagan una a una

It was the time when my wingless eyelids opened
And I began to sing across the untethered distance

Leaving their nests
                    The flags deafen the air

MEN
        AMONGST THE WEEDS
                SEARCHED FOR THE BORDERS

Over the banal field
                    the world dies

From premature heads
                            spring burning wings

And in the equatorial trenches
                            shattered to pieces

Under the shadow of living aeroplanes
Soldiers sang in the harsh afternoons

The cities of Europe
                        are extinguished one by one

Caminando al destierro
El último rey portaba al cuello
Una cadena de lámparas extintas

Las estrellas
que caían
Eran luciérnagas del musgo

Y los afiches ahorcados
pendían a lo largo de los muros

Una sombra rodó sobre la falda de los montes
Donde el viejo organista hace cantar las selvas

El viento mece los horizontes
Colgados de las jarcias y las velas

Sobre el arco-iris
Un pájaro cantaba

Abridme la montaña

Por todas partes del mundo
He visto alas de golondrinas
Y el Cristo que alzó el vuelo
Dejó olvidada la corona de espinas

On the road to exile
The last king wore a chain
Of extinguished lamps around his neck

The stars
that fell
Were moss-laden fireflies

And posters hanging by the neck
dangled along the walls

A shadow rolled over the skirt of the mountains
Where an old organ player made the jungles sing

Wind rocks the horizons
That hang from the rigging and sails

Over the rainbow
a bird sang

Open the mountain for me

Throughout the world
I have seen wings of swallows
And the Christ who took flight
Leaving behind the crown of thorns

Sentados sobre el paralelo
    Miremos nuestro tiempo

SIGLO ENCADENADO EN UN ÁNGULO DEL
                              MUNDO

En los espejos corrientes
Pasan las barcas bajo los puentes
Y los ángeles-correo
         Reposan en el humo de los dreadnought

Entre la hierba
         silba la locomotora en celo
Que atravesó el invierno

Las dos cuerdas de su rastro
Tras ella quedan cantando
Como una guitarra indócil

Su ojo desnudo
         Cigarro del horizonte
Danza entre los árboles

Ella es el Diógenes con la pipa encendida
Buscando entre los meses y los días

Sitting on the equator
      Let us contemplate our times

CENTURY CHAINED IN A CORNER OF
                          THE WORLD

In flowing mirrors
Boats sail under bridges
And mail-angels
           Rest in the smoke of dreadnoughts

In the tall grass
           a locomotive in heat
that chugged through winter

The two cables of her trail
Lie singing behind her
Like a restless guitar

Her naked eye
           Cigar on the horizon
Dances among the trees

She is Diogenes with her pipe lit
Searching through the months and days

Sobre el sendero equinoccial
Empecé a caminar

Cada estrella
            Es un obús que estalla

Las plumas de mi garganta
Se entibiaron al sol
                Que perdió un ala

El divino aeroplano
Traía un ramo de olivo entre las manos

Sin embargo
                Los ocasos heridos se desangran
Y en el puerto   los días que se alejan
Llevaban una cruz en el sitio del ancla

Cantando nos sentamos en las playas

Los más bravos capitanes   El capitán Cook
En un ice-berg iban a los polos   Caza auroras boreales
Para dejar su pipa en labios   En el Polo Sur
Esquimales

On the equinoctial trail
I began to walk

Every star
     is an exploding mortar

The feathers on my throat
Were warmed by the sun
           That lost a wing

The divine aeroplane
Clutched an olive branch in its hands

Despite which
       The wounded dusk bleeds out
And in the harbor   the fading days
Bear a cross in the place of an anchor

Singing we sit on the beaches

The bravest of captains	Captain Cook
Sailed an iceberg to the poles	Stalks the aurora borealis
To place their pipe in the lips	In the South Pole
Of Eskimos	

Otros clavan frescas lanzas en el Congo

El corazón del África soleado
Se abre como los higos picoteados

Y los negros
                de divina raza
esclavos en Europa

Limpiaban de su rostro
                            la nieve que los mancha

Enseñan una música de mar y de montaña
Hombres de alas cortas
                            Han recorrido todo
Y un noble explorador de la Noruega
Como botín de guerra
Trajo a Europa
                    entre raros animales
Y árboles exóticos
Los cuatro puntos cardinales

Yo he embarcado también
Dejando mi arrecife vine a veros
Las gaviotas volaban en torno a mi sombrero

Others sink fresh spears into the Congo

The sunlit heart of Africa
Splits open like ripe figs pecked by ravens

And the negroes
              that divine race
slaves in Europe

Wiped from their face
                 the snow that stains them

They teach a music of the sea and the mountains
Men with short wings
                 Have traversed it all
And a noble explorer from Norway
As spoils of war
Brought to Europe
              among rare animals
And exotic trees
The cardinal points

I too have set sail
Leaving my reef I came to see you
Gulls wheeled around my hat

Y heme aquí
        de pie
               en otras bahías

Bajo el boscaje afónico
Pasan lentamente
             las ciudades cautivas
Cosidas una a una por hilos telefónicos

Y las palabras y los gestos
Vuelan en torno del telégrafo
Quemándose las alas
               Cual dioses inexpertos

Los aeroplanos fatigados
Iban a posarse sobre los para-rayos

Biplanos encinta
             pariendo al vuelo entre la niebla

Son los pájaros amados
Que en nuestras jaulas han cantado

Es el pájaro que duerme entre las ramas
Sin cubrir la cabeza bajo el ala

And here I am
>>standing
>>>>in other bays

Under the hoarse foliage
Captive cities
>>slowly pass by
Stitched together with telephone lines

And words and gestures
Swirl around the telegraph
Scorching their wings
>>>>Like clumsy gods

Exhausted aeroplanes
Tried to perch on lightning rods

Pregnant biplanes
>>give birth while flying through the fog

It is the beloved birds
Who have sung in our cages

It is the bird who sleeps on the branches
Not tucking its head under its wing

En las noches

        los aviones volaban junto al faro

El faro que agoniza al fondo de los años

Alguien amargado

        Las pupilas vacías

Lanzando al mar sus tristes días

Toma el barco

Partir

        Y de allá lejos

Mirar las ventanas encendidas

Y las sombras que cruzan los espejos

Como una bandada

        de golondrinas jóvenes

Los emigrantes cantaban sobre las olas invertidas

        M A R

MAR DE HUMAREDAS VERDES

Yo quería ese mar para mi sed de antaño

Lleno de flotantes cabelleras

At night
      the planes flew near the beacon
The beacon that lies dying in the depths of the years

Someone embittered
              Pupils empty

Tossing to the sea his sorrowful days
Takes the ship

To set sail
          And from afar
To look at the windows alight
And shadows that move across mirrors

Like a flock
        of young swallows
The migrants sang over the inverted waves

                        SEA

SEA OF GREEN CLOUDS OF SMOKE

I wanted that sea to quench my thirst of old

Full of floating locks of hair

Sobre esas olas fuéronse mis ansias verdaderas

Bajo las aguas gaseosas
                    Un serafín náufrago
                    Teje coronas de algas

La luna nueva
            con las jarcias rotas
Ancló en Marsella esta mañana

Y los más viejos marineros
En el fondo del humo de sus pipas
Habían encontrado perlas vivas

El capitán del submarino
Olvidó en el fondo su destino

Al volver a la Tierra
                    Vio que otro llevaba su estrella

Desterrados fiebrosos del planeta viejo
Muerto al alzar el vuelo
Por los cañones antiaéreos

Un emigrante ciego
                    Traía cuatro leones amaestrados

On those waves fled my truest yearnings

Beneath the bubbling waters
                    A shipwrecked seraph
                    Weaves crowns of kelp

The new moon
            its rigging torn
Anchored in Marseille this morning

And the most ancient mariners
In the depth of their pipe smoke
Found living pearls

The submarine captain
Left his destiny in the depths

When he returned to Earth
                    He saw that another wore his star

Feverish exiles from the old planet
Killed while taking flight
By anti-aircraft guns

A blind migrant
                    Led four trained lions

Y otro llevaba al hospital del puerto
Un ruiseñor desafinado

Aquel piloto niño
                    que olvidó su pipa humeante
Junto al volcán extinto
Encontró en la ciudad
                    los hombres de rodillas

Y vio alumbrar las vírgenes encinta

Allá lejos
                                        Allá lejos

Vienen pensativos
                    los buscadores de oro
Pasan cantando entre las hojas
Sobre sus hombros
Traen la California

Al fondo del crepúsculo
Venían los mendigos semi-mudos

Un rezador murmullo
                    Inclinaba los árboles

And another brought to the port hospital
A nightingale out of tune

That child pilot
            who left his pipe smoldering
Next to the extinct volcano
Found in the city
            men on their knees

And saw pregnant virgins aglow

Far away

                                    Far away

Deep in thought come
                        prospectors for gold
They sing their way through the leaves
On their shoulders
They carry California

From the depths of dusk
Came semi-mute beggars

A murmur of prayer
            Bent the trees

Sobre los mares
Huyó el Estío

QUÉ DE COSAS HE VISTO

Entre la niebla vegetal y espesa
Los mendigos de las calles de Londres
Pegados como anuncios
Contra los fríos muros

Recuerdo bien
                    Recuerdo

Aquella tarde en Primavera
Una muchacha enferma
Dejando sus dos alas a la puerta
Entrada al sanatorio

Aquella misma noche
                    bajo el cielo oblongo

Diez Zeppelines vinieron a París
Y un cazador de jabalís
Dejó sangrando siete
Sobre el alba agreste

Over the seas
Summer fled

SUCH THINGS I HAVE SEEN

In the thick, vegetal fog
Beggars on the streets of London
Clinging like advertisements
To the cold walls

I remember well
                I remember

That Spring afternoon
A sick girl
Leaving her two wings at the entrance
To the sanatorium

That same night
                under the oblong sky

Ten Zeppelins reached Paris
And a wild boar hunter
Left seven bleeding out
Over the untamed dawn

Entre la nube que rozaba el techo

Un reloj verde
     Anuncia el año

   1917

LLUEVE
    Bajo el agua
    Enterraban los muertos

  Alguien que lloraba
  Hacía caer las hojas

Signos hay en el cielo
Dice el astrólogo barbudo
      Una manzana y una estrella
      Picotean los búhos

Marte
  pasa a través de
     Sagitario

SALE LA LUNA

In the cloud that brushed against the roof

A green clock
                              Announces the year

                  1917

RAIN
                  Under the water
                  They buried the dead

            Someone crying
            Made the leaves fall

There are signs in the sky
Says the bearded astrologer
                              An apple and a star
                              Pecked at by owls

Mars
            rising in
                        Sagittarius

THE MOON RISES

Un astro maltratado
Se desliza

Astrólogos de mitras puntiagudas
De sus barbas caían copos de ceniza

Y heme aquí
          Entre las selvas afinadas
Más sabiamente que las viejas arpas

En la casa
          que cuelga del vacío

Cansados de buscar
          los Reyes Magos se han dormido

Los ascensores descansan en cuclillas

Y en todas las alcobas
Cada vez que da la hora
Salía del reloj un pájaro serio
Como a decir
          El coche aguarda
                    mi señora

A battered star
Slips away

Astrologers in pointed mitres
From their beards fell flakes of ash

And here I stand
                    In jungles more wisely
Tuned than ancient harps

In the house
                    hanging from the abyss

Tired of searching
                    the Three Kings dozed off

The elevators rest on their haunches

And in the bedrooms
When the clock strikes the hour
A serious bird emerges
As though to say
                    The coach awaits
                                        my lady

Junto a la puerta viva
El negro esclavo
                    abre la boca prestamente
Para el amo pianista
Que hace cantar sus dientes

Esta tarde yo he visto
Los últimos afiches fonográficos
Era una confusión de gritos
Y cantos tan diversos
Como en los puertos extranjeros

Los hombres de mañana
Vendrán a descifrar los jeroglíficos

Que dejamos ahora
Escritos al revés
Entre los hierros de la Torre Eiffel

Llegamos al final de la refriega
Mi reloj perdió todas sus horas

Yo te recorro lentamente
Siglo cortado en dos
                    Y con un puente

Next to the living door
The Black slave
                 opens his mouth swiftly
For the pianist master
Who makes his teeth sing

This afternoon I have seen
The latest phonograph posters
It was a confusion of shouts
And songs as diverse
As in foreign ports

Men of tomorrow
Shall come to decipher the hieroglyphs

That we now leave
Written backwards
Among the iron beams of the Eiffel Tower

We reach the end of the skirmish
My watch lost all its hours

I slowly traverse you
Century sliced in two
                 And a bridge

Sobre un río sangriento
Camino de Occidente

Una tarde
       al fondo de la vida
Pasaba un horizonte de camellos
En sus espaldas mudas
Entre dos pirámides huesudas
Los hombres del Egipto
Lloran como los nuevos cocodrilos

Y los santos en tren
               buscando otras regiones
Bajaban y subían en todas las estaciones

Mi alma hermana de los trenes

          Un tren puede rezarse como un rosario
          La cruz humeante perfumaba los llanos

Henos aquí viajando entre los santos

El tren es un trozo de la ciudad que se aleja

El anunciador de estaciones
Ha gritado

Over a bloody river
On the way West

One afternoon
             in the depth of life
A horizon of camels trudged by
On their mute backs
Between two bony pyramids
The men of Egypt
Weep like new crocodiles

And saints on trains
                    seeking new regions
Got on and off at every station

My soul sister of the trains

             A train can be prayed like a rosary
             Its smoking cross perfumed the plains

Here we are traveling among saints

The train is a piece of the city that grows distant

The station announcer
Has shouted

Primavera
Al lado izquierdo
30 minutos

Pasa el tren lleno de flores y de frutos

El Niágara ha mojado mis cabellos
Y una neblina nace en torno de ellos

Los ríos

                Todos los ríos de las nacientes cabelleras
Los ríos mal trenzados
Que los ardientes veranos han besado

Un paquebot perdido costeaba
Las islas de oro de la Vía Láctea

La cordillera Andina
                        Veloz como un convoy
Atraviesa la América Latina

El Amor
                        El Amor

                    Springtime
                    Platform on the left
                    30 minutes

The train rolls by full of flowers and fruit

Niagara Falls has soaked my hair
And a mist rises from it

The rivers

          All the rivers of the newborn locks of hair
Poorly braided rivers
That burning summers have kissed

A lost packet boat hugged the coast
Of the golden isles of the Milky Way

The Andes
                              Swift as a convoy
Cross Latin America

Love
                    Love

En pocos sitios lo he encontrado
Y todos los ríos no explorados
Bajo mis brazos han pasado

Una mañana
                    Pastores alpinistas
Tocaban el violín sobre la Suiza

Y en la estrella vecina
Aquel que no tenía manos
Con las alas tocaba el piano

Siglo embarcado en aeroplanos ebrios

                              A DÓNDE IRÁS

Caminando al destierro
El último rey portaba al cuello
Una cadena de lámparas extintas

Y ayer vi muerta entre las rosas
La amatista de Roma

In few places I have found it
And all the unexplored rivers
Under my arms have flowed

One morning
                    Alpine shepherds
Played the violin over Switzerland

And the neighboring star
The one that had no hands
With its wings played the piano

Century embarked on inebriated aeroplanes

                    WHERE ARE YOU GOING

On the road to exile
The last king wore a chain
Of extinguished lamps around his neck

And yesterday I saw dead among the roses
The amethyst of Rome

ALFA

OMEGA

DILUVIO

ARCO-IRIS

Cuántas veces la vida habrá recomenzado

Quién dirá todo lo que en un astro ha pasado

Sigamos nuestra marcha
Llevando la cabeza madura entre las manos

EL RUISEÑOR MECÁNICO HA CANTADO

Aquella multitud de manos ásperas
Lleva coronas funerarias
Hacia los campos de batalla

Alguien pasó perdido en su cigarro

QUIÉN ES

ALFA

OMEGA

DELUGE

RAINBOW

How many times will life have begun again

Who shall tell all that has happened on a star

> Let us continue our march
> Holding a mature head in our hands

THE MECHANICAL NIGHTENGALE HAS
SUNG

That multitude of rough hands
Bears funeral wreaths
Toward the battlefields

> Someone walked by lost in his cigarette

WHO IS IT

Una mano cortada
Dejó sobre los mármoles
La línea Ecuatorial recién brotada

Siglo
        Sumérgete en el sol
Cuando en la tarde
        Aterrice en un campo de aviación

Hacia el solo aeroplano
Que cantará un día en el azul
Se alzará de los años
Una bandada de manos

CRUZ DEL SUR

SUPREMO SIGNO   AVIÓN DE CRISTO

El niño sonrosado de las alas desnudas
Vendrá con el clarín entre los dedos
El clarín aún fresco que anuncia
El Fin del Universo

A severed hand
Sketched on marble
The Equatorial line newly sprung forth

Century
        Plunge into the sun
When in the evening
        It touches down on a landing strip

Toward the lone aeroplane
That one day shall sing in the blue
A flight of hands
Shall rise from the years

                    SOUTHERN CROSS

SUPREME SIGN   AIRCRAFT OF CHRIST

A blushing child with naked wings
Shall come with a trumpet in his fingers
The still-new trumpet that announces
The End of the Universe

ACERCA DEL AUTOR

Vicente Huidobro (Chile, 1893 - 1948). Poeta, narrador, dramaturgo, guionista cinematográfico, candidato a la presidencia de la república, padre del Creacionismo y uno de los autores más relevantes de la poesía hispanoamericana del siglo XX. Muy temprano viajó a París donde entró en contacto con las vanguardias. Entabló amistad con artistas de la talla de Pablo Picasso, Juan Gris, Hans Arp, Max Jacob y Pierre Reverdy, entre otros. En 1937 participó en el II Congreso de Escritores Antifascistas en Defensa de la Cultura (Valencia, España). Durante la segunda guerra mundial fue corresponsal para La voz de América. De sus poemarios destacan: *Adán* (1916), *El espejo de agua* (1916), *Horizonte cuadrado* (1917), *Ecuatorial* (1918), *Poemas árticos* (1918), *Altazor* (1931), *Temblor de cielo* (1931), *Ver y palpar* (1941), *El ciudadano del olvido* (1941) y *Últimos poemas* (1948). Su poesía ha ejercido especial atracción entre públicos jóvenes y continúa siendo objeto permanente de estudio.

ABOUT THE AUTHOR

Vicente Huidobro (Chile, 1893 - 1948). Father of Creationism and one of the most important authors of 20th century Latin American poetry. Very early he traveled to Paris where he came into contact with the Avant Garde. He became friends with artists such as Pablo Picasso, Juan Gris, Hans Arp, Max Jacob and Pierre Reverdy, among others. His poems include: *Adán* (*Adam*, 1916), *El espejo de agua* (*The Mirror of Water*, 1916), *Horizonte cuadrado* (*Square Horizon*, 1917), *Ecuatorial* (*Equatorial*, 1918), *Poemas árticos* (*Arctic Poems*, 1918), *Altazor* (1931), *Temblor de cielo* (*Trembling of Heaven*, 1931), *Ver y palpar* (*See and Palpate*, 1941), *El ciudadano del olvido* (*The Citizen of Oblivion*, 1941) and *Últimos poemas* (*Last Poems*, 1948). His poetry has attracted special attention among young audiences and has been permanently studied.

GALERÍA

GALLERY

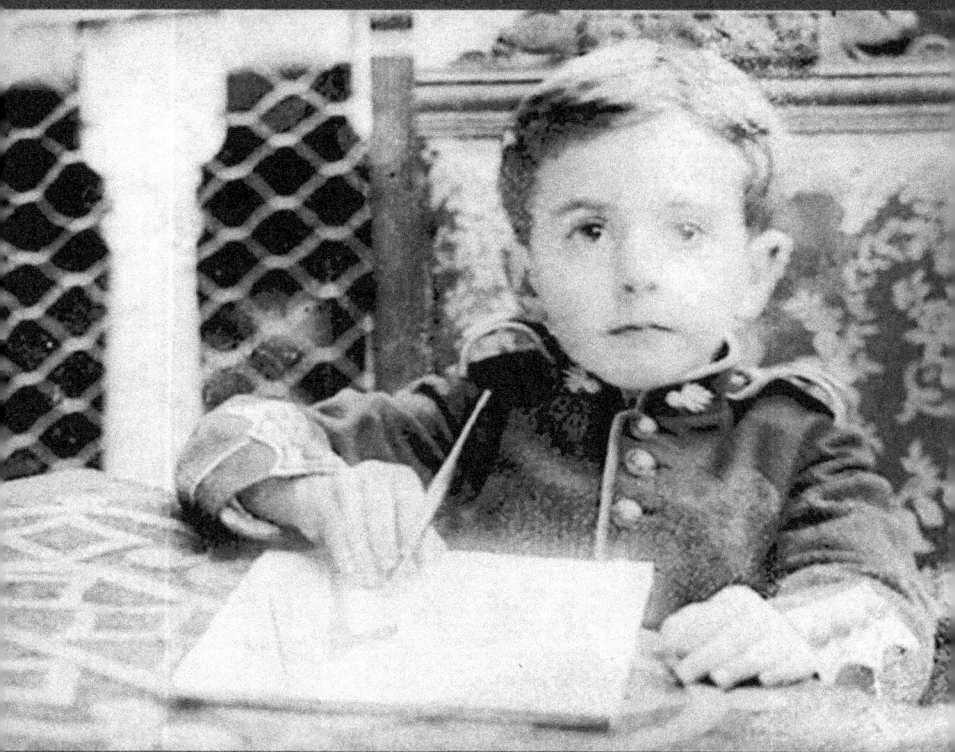

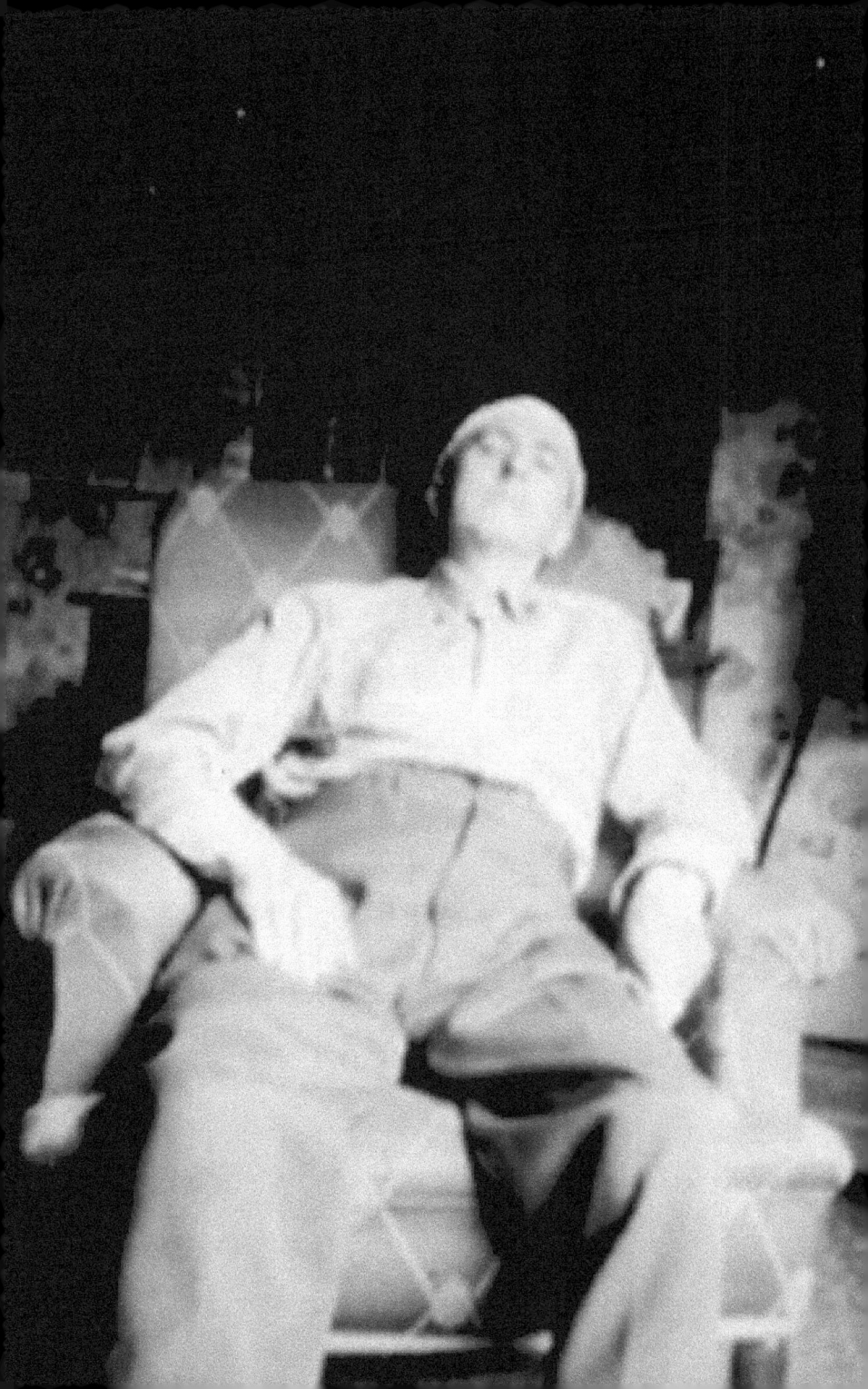

ÍNDICE / CONTENTS

Colección
CRUZANDO EL AGUA
Poesía traducida al español
(Homenaje a Sylvia Plath)

1
The Moon in the Cusp of My Hand /
La luna en la cúspide de mi mano
Lola Koundakjian

Colección
PIEDRA DE LA LOCURA
Antologías personales
(Homenaje a Alejandra Pizarnik)

Colección

VEINTE SURCOS

Antologías

(Homenaje a Julia de Burgos)

1

Antología 2020 / Anthology 2020

Ocho poetas hispanounidenses / Eight Hispanic American Poets

Compilador – Compiler

Luis Alberto Ambroggio

Colección
MUSEO SALVAJE
Poesía latinoamericana
(Homenaje a Olga Orozco)

Colección
SOBREVIVO
Poesía social
(Homenaje a Claribel Alegría)

1

#@nicaragüita
María Palitachi

Colección
TRÁNSITO DE FUEGO
Poesía centroamericana y mexicana
(Homenaje a Eunice Odio)

Colección
MUNDO DEL REVÉS
Poesía infantil
(Homenaje a María Elena Walsh)

1
Amor completo como un esqueleto
Minor Arias Uva

2
Del libro de cuentos inventados por mamá
La joven ombú
Marisa Russo

Colección
LABIOS EN LLAMAS
Poesía emergente
(Homenaje a Lydia Dávila)

1
Fiesta equivocada
Lucía Carvalho

2
Entropías
Byron Ramírez Agüero

3
Reposo entre agujas
Daniel Araya Tortós

Para los que piensan, como Pablo Picasso, que *la inspiración existe pero tiene que encontrarte trabajando,* este libro se terminó de imprimir en el mes de agosto de 2020 en los Estados Unidos de América.

www.ingramcontent.com/pod-product-compliance
Lightning Source LLC
Chambersburg PA
CBHW022035090426
42741CB00007B/1074